JEAN FERRANDI

LA VÉRITÉ
sur
l'Occupation Turque au BORKOU
DANS LE TIBESTI ET L'ENNEDI

EDITIONS
DU
COMITÉ DE L'AFRIQUE FRANÇAISE
21, rue Cassette
PARIS

1930

BROCHURES EN VENTE

AU COMITÉ DE L'AFRIQUE FRANÇAISE

La formation d'un peuple nouveau dans l'Afrique du Nord, par EDOUARD PHILIPPAR. 5 »

Le tabac dans l'Afrique du Nord, par ED. PAYEN.. 5 »

Sur les traces de Rodd Balek : Les problèmes tunisiens après 1921, par CAVÉ.. 15 »

Le Roman du Sahara, par ROBER RAYNAUD.. 10 »

Lettres de Korbous, par M. J. CLOZEL (1913). 5 »

Les Tribus de la Haute-Mauritanie, par M. PAUL MARTY (1915)... .... 5 »

Rabat : Les débuts d'une municipalité au Maroc, par le capitaine R. NORMAND (1914). 4 »

Les Crimes allemands en Afrique (1917). 10 »

Le Sionisme et la question juive dans l'Afrique du Nord, par HENRI GAILLARD (1918). 2 »

En marge de la Gloire, poème du lieutenant G. ROUGER (1917)................................ 2 »

Traditions historiques et légendaires du Soudan occidental, par M. MAURICE DELAFOSSE (1913)........................ 8 »

Les Travaux de la Mission télégraphique du Tchad (1912-1913), par le capitaine P. LANCRENON........................ 3 »

Le Tafilelt, d'après GERHARD ROHLFS.......... 10 »

Les Colonies allemandes d'Afrique d'après les rapports consulaires anglais (1916)........................ 5 »

La reconquête de la Tripolitaine vue du camp des rebelles, par P. GHERARDI (1925). 6 »

JEAN FERRANDI

LA VÉRITÉ
sur
l'Occupation Turque au BORKOU
DANS LE TIBESTI ET L'ENNEDI

EDITIONS
DU
COMITÉ DE L'AFRIQUE FRANÇAISE
21, rue Cassette
PARIS

1930

INTRODUCTION

Dans la discussion assez âpre qui s'est engagée entre l'Italie et la France à propos des aspirations italiennes en Afrique centrale, voici un document qui projette une vive lumière sur la vanité de « l'argument turc » mis en avant par les Italiens. Héritiers des droits de la Turquie sur une partie de l'Afrique, nos voisins auraient voulu nous faire accepter aussi certaines prétentions absolument infondées que les Turcs avaient un instant formulées et tenté de réaliser.

Ce « fantôme turc », ramené en vaine menace contre notre position de droit et de fait achève de s'évanouir sous les coups que lui portent dans les pages qu'on va lire la documentation et l'argumentation solides de M. Jean Ferrandi. Ces pages ont fait l'objet d'une communication à l'Académie des Sciences Coloniales et elles ont paru dans la France Militaire *et dans l'*Afrique Française.

En les réunissant dans la présente brochure nous devons rappeler que par sa carrière toute africaine M. Jean Ferrandi était le plus qualifié pour les écrire ; car il a servi au Tchad pendant huit années, de 1906 à 1914.

Déjà en 1906 comme sous-lieutenant, il avait pris le commandement des méharistes du Kanem et à leur tête il avait fait au Mortcha trois reconnaissances qui rapportèrent sur ce pays jusqu'alors inconnu d'utiles renseignements.

En 1907 il alla avec le lieutenant Gauckler sur l'Ouadi Haouach et à Ourgalla. En 1908, il s'avança jusqu'à Arada, le grand centre des Arabes Mahamids. En 1909 il atteignit les puits d'Oum Chalouba occupés par les goranes ouadaïens relevant du sultan Doudmourrah dans le même temps que le lieutenant Bourreau battait le sultan et le chassait d'Abéché (1er juin 1909).

Entre temps, le lieutenant Ferrandi avait pris part à la difficile colonne du capitaine Celier contre la zaouia d'Aïn Galakka.

En 1910, il revint au Tchad avec le colonel Largeau et remplit auprès de lui les fonctions d'adjoint au cours de la colonne du Sila qui amena la soumission du sultan Bakhit et l'installation d'un résident de France à Goz Beïda. Puis après la soumission du Sultan Doudmourrah au colonel Largeau et la déposition d'Acyl, le lieutenant Ferrandi rentra en France avec son chef.

En juin 1913 il repartait pour le Tchad, toujours comme adjoint au colonel Largeau, et ce fut alors la conquête du Borkou et de l'Ennedi.

Vint la guerre Le capitaine Ferrandi prit part en 1914-1915 aux opérations du Cameroun comme adjoint du colonel Brissel. On sait que la colonne du Tchad captura le bataillon allemand de Garoua et poussa jusqu'à Yaoundé.

Rentré en France, de 1916 à 1918 il prit part aux opérations du front français (Somme, Chemin des Dames, Verdun, seconde bataille de la Marne).

Dès janvier 1919 il était en Algérie, puis repartait en A. E. F. L'année 1921 le trouvait au Levant où il fut successivement commandant militaire de Sandjak d'Alexandrette et du Vilayet de Tripoli.

Enfin en 1925-1926, il était au Maroc et prenait part aux opérations contre Abd el Krim et à celles de la Tache de Taza, au cours desquelles il ajoutait deux citations aux dix qu'il comptait déjà et que lui avaient valu vingt-huit campagnes et deux blessures !

C'est donc un témoin ou plutôt un acteur dè l'expansion française au Tchad qui a apporté ici des faits et des arguments. Il les présente d'une plume alerte où l'on retrouve les qualités de ses précédentes études (1) *et qui s'aiguise même çà et là sous l'émotion produite chez M. Jean Ferrandi par le rappel des durs efforts qu'il a connus de près et le souvenir des camarades qu'il a vu tomber pour l'œuvre qu'il défend aujourd'hui.*

AUGUSTE TERRIER.

---

(1) Abéché, capitale de Ouadaï, Editions de l'*Afrique Française;* Le Kanem, Editions de la *Dépêche Coloniale Illustrée;* La Conquête du Cameroun Nord, Editions Charles Lavauzelle ; Le Centre Africain Français, Editions Charles Lavauzelle. — En préparation : *Les Officiers Coloniaux*, Editions Larose; De la Benoué à l'Atlantique, Edition Charles Lavauzelle.

LA VÉRITÉ

SUR

L'OCCUPATION TURQUE AU BORKOU

DANS LE TIBESTI ET L'ENNEDI

Pour ceux qui ont suivi d'un peu près la campagne de presse qui sévit en Italie depuis plusieurs années pour appuyer les revendications de ce pays sur les provinces septentrionales de notre colonie du Tchad, il n'y a pas de doute qu'elle s'inspire des procédés qui, en 1911, firent obtenir aux Allemands des avantages imprévus au détriment de notre A.E.F.

La méthode est bonne. On demande avec de grands gestes et des cris, avec des arguments pseudo-juridiques et pseudo-historiques et l'on finit par obtenir.

La France, elle, est toujours défenderesse dans ces débats. Fâcheuse position. Elle est à peu près certaine de perdre à tout coup.

L'Italie en 1930, comme l'Allemagne en 1911, veut agrandir son domaine colonial, ce qui est son droit, mais elle veut réaliser ses ambitions au détriment de la France. C'est notre droit et notre devoir de dire : non.

Il est évidemment commode d'attendre que des voisins aient pacifié, au prix de sacrifices inouïs en hommes et en argent, des territoires livrés à l'anarchie, qu'ils les aient aménagés, organisés et équipés pour tenter ensuite de les acquérir lorsqu'il n'y aura plus que profit à en tirer.

L'Italie moderne, héritière tantôt de l'empire romain, tantôt de la Rome chrétienne, tantôt des Turcs, a jeté son dévolu sur des provinces arrosées de sang français. C'est d'une témérité certaine, mais des exemples assez récents montrent que des « demandeurs » audacieux remportent parfois des succès inespérés. Il nous faut donc conclure ici que, dans l'ordre politique comme sur le champ de bataille, la défensive passive est vouée à l'échec et qu'il faut savoir déclencher à temps la contre-attaque décisive. N'ayons donc point trop de confiance dans la temporisation.

La courte apparition des Turcs au Tibesti, au Borkou et dans l'Ennedi

Avant le début de 1911, on n'avait jamais entendu parler des Turcs dans le bassin du Tchad. C'est là un fait incontestable et dont nous pouvons apporter une preuve formelle par l'examen des archives des différentes zaouïas du Borkou que nous avons occupées de haute lutte en 1913-1914.

Ces archives existent ; elles ont été examinées minutieusement et traduites par un officier interprète de l'Armée d'Afrique le capitaine Djian, arabisant d'une conscience et d'une érudition reconnues. Aucune lettre, aucun rapport, aucune note émanant d'une autorité senoussiste quelconque ne fait mention avant le 2 mars 1911 de la moindre intrusion de l'administration turque dans les affaires du Tibesti, du Borkou et de l'Ennedi.

Si vraiment, suivant la thèse italienne les Turcs avaient considéré comme leurs ces territoires, comment ne se seraient-ils jamais inquiétés des nombreuses incursions que nous y fîmes à partir de 1900 ?

N'est-ce pas en 1905 que le lieutenant Mangin (1) et le sergent Ehrardt prirent d'assaut la zaouïa de Faya, située dans l'oasis de Voun, la plus belle palmeraie du Borkou ?

L'année suivante c'est le capitaine Bordeaux qui occupe Oueyta, centre politique de l'Ennedi, et enlève la grande zaouïa fortifiée d'Aïn Galakka après un dur combat où le sergent Ehrardt est grièvement blessé.

En 1908, c'est la colonne Cellier qui attaque encore Galakka et incendie Faya.

Quant à l'Ennedi, il est parcouru en tout sens par le lieutenant Gauckler et par moi-même de 1907 à 1909, puis par le commandant Hilaire, par le commandant Colonna de Leca et les capitaines Vignon et Arnaud. Voici quelques dates : en 1907 occupation d'Ouargalla, en 1908 occupation d'Arada, en 1909 occupation d'Oum Chalouba, en 1911 occupation de Beskéré, de Kafra et d'Archéï.

Comment donc la Turquie, puissance souveraine, aux dires des Italiens, de ces immenses provinces, nous aurait-elle laissés sans protester violer des dizaines de fois son territoire ?

*
* *

En vérité, la poussée turque de 1911 a eu le caractère d'un raid et a été inspirée par l'esprit aventureux de Sami-Bey, jeune-turc gouverneur de Mourzouk et par les appels secrets qui lui furent adressés par le mogaddem senoussiste de Gouro Mohammed Sunni que l'indiscipline et les menaces des tribus goranes avaient affolé.

En 1911, c'est, en effet, Mohammed Sunni, ancien précepteur du Madhi et qui est alors âgé de plus de 70 ans, qui exerce au nom d'Ahmed

---

(1) Il s'agit du frère du célèbre général Le capitaine Mangin, méhariste de grande classe, mourut en Mauritanie, à la tête de son peloton.

Cherif, grand maître de la Senoussia, les fonctions de mogaddem sur toutes les zaouïas du Tibesti, du Borkou et de l'Ennedi.

Les principales de ces zaouïas sont situées à Aïn Galakka, Faya, Gouro et Ounyanga. Elles sont au contact de populations goranes fort indisciplinées que les Senoussistes contraignent à les nourrir et à les défendre. A Aïn Galakka, véritable forteresse, il y a toujours plusieurs centaines d'hommes sous les armes. Ces corvées agricoles et militaires pèsent aux goranes, populations essentiellement nomades et individualistes. Petit à petit les relations entre les « Maîtres » et leurs sujets se sont tendues. Puis Mohammed Sunni a vieilli ; il a perdu son cran légendaire. Il appelle donc en secret les Turcs.

Je dis bien « en secret », car la correspondance saisie montre qu'il y avait sur ce point désaccord entre Ahmed Chérif, le grand-maître et son mogaddem du Borkou.

Ahmed Chérif, en effet, lui écrivait : « Il est inutile que les Turcs viennent chercher à occuper des pays que les nations européennes se sont partagées entre elles, ne laissant même pas l'étendue d'un empan sans attribution. »

Mais Mohammed Sunni ripostait : « Evidemment la suprématie turque sera un mal, mais il faut l'accepter puisqu'elle nous épargne un mal plus grand : la domination française. »

« Les circonstances exigent que nous nous procurions des amis et non que nous augmentions le nombre de nos ennemis. Le Prophète ne pactisa-t-il pas avec les polythéistes lorsqu'ils voulurent le tenir éloigné de la Mecque ? N'accepta-t-il pas les dures conditions qu'ils lui imposèrent et cette attitude ne lui valut-elle pas le succès final ? »

Les preuves des machinations de Mohammed

Sunni à Mourzouk existent. Elles expliquent le raid audacieux du capitaine Rifky.

*
* *

Ce raid d'ailleurs peut s'expliquer par d'autres considérations. En 1910, le gouverneur du Fezzan est un jeune-turc, Sami-Bey, qui est un ardent patriote et rêve de rendre à la Turquie son prestige d'autrefois. Il a eu, au cours de son existence des aventures extraordinaires et a même pu se rendre compte de la valeur économique des provinces riveraines du Tchad.

En 1908, en effet, il était à Mourzouk, mais comme prisonnier politique. C'est là que le sultan Abdul Hamid l'avait expédié avec quelques autres jeunes-turcs. Sami-Bey, un jour, tenta sa chance ; il vola quelques chameaux et avec deux complices prit la route du Sud. Il erra plusieurs semaines et se perdit avec ses compagnons. Sans eau, sans vivres, ils allaient mourir lorsque par le plus grand des hasards le capitaine Colonna de Leca, en tournée de police au nord de Bilma tomba sur eux et les sauva.

Le capitaine Colonna de Leca était non seulement un grand saharien, mais un cœur généreux. Il traita Sami Bey en ami, le ramena à Zinder et lui donna les moyens de rentrer en Europe.

Dans l'intervalle, les Jeunes-Turcs étaient devenus les maîtres à Constantinople. Sami-Bey repartit pour Mourzouk, mais cette fois comme gouverneur du Fezzan.

Il conserva une grande reconnaissance au capitaine Colonna de Leca et l'invita même à venir le voir au Fezzan.

En 1910, dans le plus grand secret, le capitaine Colonna de Leca se prépara à partir pour

Mourzouk et il voulut bien me demander de l'accompagner.

Pendant deux mois à Paris nous préparâmes notre voyage. Nous avions obtenu assez facilement du Ministère de la Guerre l'autorisation de rejoindre le Tchad, à nos frais, risques et périls, à travers la Tripolitaine.

Le comité de l'Afrique Française avec Auguste Terrier, la Société de Géographie avec le Prince Bonaparte, l'Académie des Inscriptions avec M. Cordier, nous offrirent leur aide pécuniaire. Tout allait bien et il ne nous manquait plus qu'une autorisation : celle du Ministère des Affaires étrangères. Elle nous fut au dernier moment refusée. Pendant des semaines, nous allâmes d'audience en audience, exposant notre affaire. On nous berça de belles paroles et de fausses espérances. Puis on nous dit : non, autant, paraît-il, pour sauvegarder nos existences que pour ne pas faire de peine au Comte Imperiali.

C'est à l'occasion de ce voyage au Fezzan que le capitaine Colonna de Leca avait fait à Tripoli de Barbarie la connaissance du capitaine Rifky qui devait un an après faire son apparition au Borkou.

Quelques dates

Les rapports directs entre les Senoussistes et les Turcs remontent simplement au mois d'avril 1908. Nous avons la preuve de ce fait par une lettre datée du 26 avril 1908 et adressée par Mohammed Chérif à Mohammed Sunni.

« Deux khoans sont arrivés à Koufra, dit-il, envoyés par les autorités turques pour affirmer les droits de la Porte sur ces lieux. Les Zoueys se sont opposés à leur désir. »

Cette simple phrase montre que même les populations arabes de Koufra, dont les Zoueys constituent la plus importante tribu, ne reconnaissaient pas l'autorité turque en avril 1908. Qu'on veuille bien retenir ce fait et l'on mesurera l'invraisemblance de la thèse qui voudrait qu'aient été turcs à cette même date des territoires situés à 1.000 kilomètres au sud de Koufra.

Il faut d'ailleurs noter que les Senoussistes, à partir du 1er juin 1909, se sentirent particulièrement menacés par nous. C'est, en effet, à cette date que le lieutenant Bourreau, avec une magnifique audace et un rare bonheur, plante nos couleurs sur Abéché, capitale du Ouadaï, et dernier bastion dans le Centre africain de l'Islamisme indépendant et guerrier. Les Senoussistes se voient alors rejeter sans appel dans le désert.

Une fois à Koufra, oasis où le séjour est rude et d'une désolante monotonie les Turcs, eux aussi, rêvent de ces rives enchanteresses du Tchad qui ont toujours été un nostalgique appeau pour tous les malheureux habitants de la désertique et morne Libye. Ils écrivent donc à Abdallah Tooueur mogaddem de la zaouïa d'Aïn Galakka et lui annoncent qu'ils vont descendre au Borkou.

Abdallah Tooueur en informe Mohammed Sunni qui écrit directement aux Turcs et leur trâce leur devoir : « Vous devez protéger les Mahométans contre tous les maux qui peuvent venir des étrangers. » Cela voulait dire : « Venez au Borkou avant que les Français ne s'y installent. »

***

En tout cas, c'est le 2 mars 1911 que les Turcs s'installèrent au Tibesti et au Borkou sous la forme d'un Kaïmakan qui n'était autre qu'un arabe du Fezzan. Son escorte était modeste et son équipage bien réduit : cinq ou six hommes et autant de chameaux. Il venait en avant-garde du capitaine Rifky qui, lui, arriva en juillet avec 70 askeurs, un canon et 150 animaux.

Rifky voulut d'abord s'installer dans la zaouïa d'Aïn Galakka. Cela lui paraissait d'autant plus naturel qu'il avait reçu des lettres amicales de Mohammed Sunni. Mais Abdallah Tooueur qui commandant à Aïn Galakka, avait un tempérament de chef et un caractère violent, refusa de le recevoir. Il lui répondit même, avec une ironie à peine voilée, que s'il tenait à planter le drapeau turc sur une forteresse il n'avait qu'à le hisser sur un poste français. C'est donc sous la tente que Rifky s'installa dans la palmeraie de Yen à 6 kilomètres de la zaouïa.

A peine arrivé, il envoya une lettre fort aimable au capitaine Colonna de Leca (1), son compagnon de Tripoli de Barbarie où il déclarait vouloir vivre en bon voisin avec nous.

Que devions-nous faire ?

Nous étions en guerre avec les Senoussistes depuis onze ans, guerre implacable faite d'attaques massives et d'assassinats individuels. En 1909, c'est-à-dire deux ans avant l'arrivée du capitaine Rifky au Borkou, Abdallah Tooueur s'était jeté sur notre peloton méhariste de Ziguei et l'avait anéanti dans les pâturages de Ouaschenkalé, emmenant en captivité au Borkou les femmes et les enfants de nos tirailleurs.

Le Commandant du Territoire du Tchad avait demandé au Département l'autorisation d'occuper le Borkou pour mettre un terme à ces rezzous meurtriers qui finissaient par rendre inha-

(1) Le capitaine Colonna de Leca commandait alors la circonscription du Kanem, à Mao. Il devait être tué au Maroc, au début de 1914, lors de l'écrasement de la colonne de Laverdure.

Afrique Française.

bitables le Kanem et le Mortcha. On lui avait répondu par un refus formel. C'était l'époque où, à la tribune du Parlement, on attaquait « l'esprit d'aventure » des cadres coloniaux du Tchad et où l'on osait parler des égards dus au « patriotisme borkouan ». Le « Journal Officiel » de la République est là qui prouve que je n'invente rien.

C'est donc au moment où les relations entre les Senoussistes et nous étaient à leur maximum d'hostilité que le capitaine Rifky arrive au Borkou, dans ce Borkou, repaire de pillards et de traitants, mais où il nous était interdit de pénétrer.

Je le répète : que fallait-il faire ? Les Turcs étaient au Borkou au mépris d'accords diplomatiques formels qui ne les liaient peut-être point, mais ils y étaient néanmoins en intrus. Leur raid, se produisant 50 ans après le combat d'El Baghla qui avait assis leur souveraineté sur le Fezzan, était une affirmation bien tardive de leurs droits. Leur inertie et leur indifférence d'un demi-siècle à l'égard des régions situées au sud de Mourzouk avaient frappé de prescription leurs droits possibles sur ces territoires abandonnés à la plus sanglante anarchie. Mais les Turcs étaient néanmoins, par rapport aux pillards de la Senoussia, des hommes civilisés ; c'étaient même, on pouvait le penser alors, des amis traditionnels de la France. Que pouvait-on faire autre que de négocier ?

Le colonel Largeau écrivit donc au capitaine Rifky une lettre où il réservait formellement les droits de la France et où il déclarait que la négociation se poursuivrait non sur place, mais entre les gouvernements.

Puis, comme il fallait tout de même tirer de la situation de fait créée par le raid du capitaine

Rifky des conséquences profitables aux populations du Tchad jusqu'alors livrées aux rezzous des Senoussistes et de leurs alliés, il arrêta avec Rifky un modus vivendi provisoire.

C'est de ce modus vivendi, qui n'était autre chose qu'un armistice limité dans l'espace et le temps, que les Italiens tirent argument pour dire qu'en 1911 l'autorité française du Tchad a reconnu l'occupation turque du Borkou. Argument puéril qui ne résiste pas à l'étude même rapide des faits. Il y a eu tout simplement entre Rifky et nous une simple trêve de Dieu pendant laquelle les Senoussistes ont été moins agressifs. C'est tout.

D'ailleurs Rifky ne cessa d'être dans sa zériba d'Yen le prisonnier de la Senoussia. C'est elle qui le nourrissait, lui fournissait ses courriers, ses bergers et ses animaux. Il ne pouvait savoir que ce que ses geôliers consentaient à lui laisser apprendre. Jamais souveraineté ne fut aussi précaire. En réalité, le maître du Borkou resta Abdallah Tooueur, chef de la zaouïa fortifiée d'Aïn Galakka et implacable ennemi de la civilisation européenne.

Là-dessus la guerre italo-turque était survenue ; Rifky reçut l'ordre de regagner la côte ; il annonça son départ à son ami le capitaine Colonna de Leca et on n'entendit plus parler de lui (mars 1912).

*
* *

Le dernier acte de cette brève tragi-comédie allait se dérouler.

En partant, Rifky avait laissé à Yen un melazzem et quelques hommes. C'était là un très modeste représentant de la Turquie. A peine lettré, sans argent, sans vivres et sans soldats, il allait être le jouet de la Senoussia et surtout d'Abdal-

lah Tooueur. Pour commencer, celui-ci le renvoya dans le Djebel (Ennedi), terre de nomades où il allait errer sans autorité, sans moyens comme sans abri.

A l'occupation dérisoire du Borkou par Rifky allait succéder pendant quelques mois l'occupation fantomatique de l'Ennedi par Mohammed el Bey, misérable épave de la lointaine Adana.

La présence du mellazzem turc dans le Djebel (Ennedi) se révéla à nous de deux façons. D'abord par sa prétention de demander aux caravanes ouadaïennes qui allaient chercher le sel gemme de Tekro un droit de passage d'un thaler par chameau. Evidemment cette demande constituait moins un acte de souveraineté qu'une inéluctable concession à la nécessité de ne pas mourir de faim. L'Ennedi ne produit ni céréales, ni fruits. Il est peuplé de tribus goranes d'un farouche égoïsme et d'un scepticisme confessionnel intégral. Le Turc pouvait bien crever de misère dans ses cailloux et sous sa tente trouée, pas un chef gorane ne s'en serait soucié. Les thallers versés par les caravaniers étaient donc les fort bienvenus.

Par ailleurs, il y avait alors au Caire un ancien fonctionnaire colonial, M. Bonnel de Mézières, dont la bonne foi était d'ailleurs certaine et qui avait rendu d'incontestables services à la colonisation. Il était entré en rapports avec un notable commerçant égyptien Abdallah Kahhal et avait entrepris de pacifier les provinces septentrionales du Tchad en usant des méthodes si vantées de la pénétration pacifique. Il s'agissait dans l'esprit de ce diplomate officieux et il faut le dire, sans responsabilité, d'obtenir un accord avec les Senoussistes. Une ligne idéale serait tracée au sud de laquelle il serait entendu qu'aucun rezzou borkouan ou djebelien ne pourrait descendre. Par contre, nous nous interdirions nous aussi de la dépasser vers le Nord.

Des lettres furent échangées entre les Senoussistes et M. Bonnel de Mézières dont le cachet arabe portait ces mots engageants : « Bonnel de Mézières, l'un des grands parmi les grands du Gouvernement Français ». Abdallah Kahhal jouait, à l'ombre de l'imprudent missionnaire, un rôle politique et commercial, mais surtout commercial.

C'est à cette époque que le Tchad fut invité à verser une contribution annuelle et substantielle aux étudiants « ouadaïens » de l'Université d'El Ahzar dont personne au Ouadaï n'avait jamais entendu parler.

La France, grande puissance musulmane, se devait, paraît-il, d'encourager et de soutenir ses sujets et de faciliter leurs études.

Quand on sait ce qu'est l'Université d'El Ahzar, ardent foyer de propagande anti-européenne, on ne peut que s'étonner de cette audacieuse proposition. De multiples exemples nous prouvent d'ailleurs que nous ne saurions sans un coupable « esprit d'imprudence et d'erreur », comme dit le poète, favoriser un tel genre d'enseignement d'une doctrine à coup sûr suspecte et d'un intérêt pratique nul.

Quoiqu'il en soit le Tchad se refusa d'accorder des crédits sans avoir les noms, l'origine et l'âge des bénéficiaires. L'enquête prouva que ces étudiants « ouadaïens » n'avaient jamais connu le Ouadaï et que leur âge, variant de 45 à 70 ans, faisait d'eux des « étudiants » à bout de souffle dans le genre du légendaire Bibi la Purée du vieux quartier latin ou du très actuel Duconneau, candidat au Conseil municipal de Paris, aux dernières élections dans le quartier de la Sorbonne.

Il n'en reste pas moins que c'est cet échange de lettres qui a pu faire croire que l'autorité française responsable avait accepté de considérer le Djebel comme une sorte de zone contestée qui pourrait être un jour l'objet de négociations. Il ne reste rien de cette hypothèse après les explications que j'ai données.

*
* *

L'installation du melazzem dans l'Ennedi souleva immédiatement les protestations du chef de bataillon commandant la circonscription du Ouadaï et celles du commandant du Territoire. Elles prirent même une forme fort énergique et le 8 juillet 1912 le lieutenant Detchebarne de notre poste d'Arada se rendit, à la tête de son peloton méhariste, à la zaouïa de Faya pour y affirmer à la fois nos droits de police dans le Djebel et y mettre en demeure le Turc et les Senoussistes de cesser leurs incursions sur ce territoire incontestablement ouadaïen.

Le Turc vint au rendez-vous dans un piètre équipage. Il ignorait tout des événements militaires qui se déroulaient en Tripolitaine ; il ne savait pas davantage pourquoi on l'avait abandonné si loin de sa patrie au millieu de populations guerrières et hostiles qui le traitaient avec un souverain dédain.

Abdallah Tooueur s'abstint de paraître. C'était toujours lui le véritable maître du Borkou et de l'Ennedi. En refusant de se rendre au rendez-vous du lieutenant Detchebarne il montrait clairement qu'il se désintéressait totalement de ce que ferait ou dirait le Turc et que les engagements qu'il pourrait prendre seraient sans aucune vertu.

On connaît la force d'inertie des Orientaux. A toutes nos protestations le melazzem opposa une douce mais invincible obstination. Il errait de puits en puits vivant d'aumônes, c'est-à-dire mourant de faim.

Un jour pourtant, il prit une décision : il s'installerait à Baki et y construirait un poste. Pas moins. Cela devenait sérieux.

Tant que les Turcs, Rifky comme les autres, n'étaient au Borkou et dans le Djebel que des nomades vivant sous la tente, on pouvait les considérer comme de simples voyageurs ou comme les invités des Senoussistes, mais la construction d'un poste, même d'un minuscule réduit en pierres, donnait à leur occupation un autre caractère.

A cette prétention du Turc, le Territoire du Tchad répondit donc un « non » formel.

C'est le 4 novembre, que le chef de bataillon Jannot, qui commande la circonscription du Ouadaï, envoie une première protestation. Elle est doublée, dès le 31 décembre, par une énergique mise en demeure de son successeur, le lieutenant-colonel Julien (1).

Les Turcs laissant nos sommations sans réponse, le lieutenant Dufour, méhariste intrépide et homme de décision, fut chargé par le lieutenant-colonel Julien de chasser de Baki le melazzem.

Il arriva à Baki, le 12 mars 1913, à la tête de son unité méhariste et dans une formation telle que le Turc en conçut quelque émoi : « Viens-tu pour la paix ou pour la guerre ? », lui demanda-t-il. Dufour répondit : « La paix si tu t'en vas, la guerre si tu restes ».

— « Je partirai, dit le Turc, mais laisse-moi le temps de me procurer des guides et des animaux ! »

(1) Le Lieutenant-Colonel Julien a joué au Ouadaï, et d'ailleurs dans tout le bassin du Chari un rôle considérable. C'est un grand Africain.

Puis ils causèrent. Dufour le mit au courant des résultats attristants pour lui de la guerre italo-turque. Le Turc leva au ciel ses yeux nostalgiques : « Des renseignements sûrs me permettent d'affirmer que les armées du Prophète sont toujours chéries de la victoire ».

Là-dessus, Dufour l'invita à déjeuner et fit donner à manger à ses hommes. Tous avaient faim et avaient froid. On leur remit des vivres, des vêtements et mêmes des cigarettes. C'est ainsi que les Français agissent outre-mer à l'égard de ceux qui souffrent, amis ou adversaires : tradition sacrée de nos belles troupes coloniales.

Le Turc tint parole avec la sage lenteur que commandaient les risques du voyage et son propre tempérament. Il partit mais ne revit jamais Adana, sa patrie, ni Mersine où dix années après devaient flotter nos couleurs. Il fut assassiné en traversant le Tibesti, à l'inspiration sans doute des Senoussistes. C'était en mars 1913. Le raid turc dans le Tibesti et l'Ennedi avait juste duré 2 ans.

***

Le Parlement Français avait entre temps, fini par comprendre le danger de ne pas occuper effectivement les territoires qui nous sont attribués par les traités internationaux. Les défenseurs du « patriotisme borkouan » avaient consenti à se taire. En juin 1913, le colonel Largeau avait quitté la France avec la mission d'occuper le Borkou et l'Ennedi, tandis qu'une colonne formée dans le Territoire de Zinder occuperait Bardaï et Zouar, dans le Tibesti.

Au seuil de l'année 1914 c'était fait, non sans de très durs combats qui nous coûtèrent, rien que pour la prise d'Aïn Galakka, la mort d'héroïques africains : le capitaine Maignan, le lieutenant Berrier-Fontaine et l'adjudant Lagrion.

C'était fait, mais il s'en était fallu de bien peu que ce fut fait trop tard, car 6 mois après éclatait la grande guerre et l'on peut se demander, sans vouloir faire du roman rétrospectif, ce qu'aurait été en 1920 notre colonie du Tchad si en 1913-1914 nous n'avions pas occupé le Borkou et repoussé les Senoussistes jusqu'à Koufra.

On peut se le demander et on doit se le demander parce que de l'examen de cette hypothèse résultera pour tous les esprits réfléchis la conclusion que le Borkou, le Tibesti et l'Ennedi sont, quelqu'excentriques qu'ils soient par rapport à ses parties les plus riches et les plus peuplées, la clef de voûte de notre Empire Africain noir.

Importance stratégique du Tibesti, du Borkou et de l'Ennedi

Pendant toute la grande guerre le Territoire du Tchad a vécu dans l'attente d'une attaque massive que les Turco-germano-senoussistes devaient déclancher contre Abéché et contre Mao.

Des dépêches d'agence signalaient de gros rassemblements à Ghat, à Mourzouk et à Koufra. Il était d'ailleurs vraisemblable de penser que l'état-major allemand, aux initiatives si audacieuses, n'avait pas été sans se rendre compte de l'avantage que tireraient les Empires Centraux d'une invasion de nos territoires centre-africains. Cela ne leur aurait, en effet, demandé que fort peu de troupes régulières, le gros des assaillants devant être constitué avec des tribus arabes du Fezzan, levées et conduites par les Senoussistes.

Cette diversion, pour si lointaine qu'elle fut,

pouvait entraîner de graves conséquences pour nous. Elle pouvait permettre, en effet, la réinstallation des Senoussistes à Abéché, à Massénya et à Mao et ruiner les résultats acquis par nous après quinze années de luttes sanglantes dans le Centre Africain.

Elle nous obligeait à rappeler du Cameroun la colonne du colonel Brisset constituée par des unités du régiment du Tchad et qui, par la chute de Garoua, joua un rôle si important dans la conquête de la colonie allemande.

Elle mettait en péril notre colonie de Zinder.

Elle donnait enfin à l'Allemagne, dont le moral fut si longtemps soutenu par les contours avantageux de sa carte de guerre, une raison de plus de persévérer.

Mais l'invasion ne se produisit pas. Pourquoi?

Parce qu'elle ne pouvait plus se produire à partir du jour où les forces françaises occupaient le Tibesti, le Borkou et l'Ennedi.

Regardez une carte d'Afrique. Ghat, Mourzouk et Koufra sont les seuls points où puisse s'opérer une concentration de troupes de quelque importance.

Toutes les régions du Sud-Tripolitain sont, en effet, pauvres en eau et en ressources alimentaires. On ne peut songer à y réunir, faire vivre ou mouvoir de gros rassemblements d'hommes qu'en des points ou par des itinéraires déterminés, bien connus et d'ailleurs fort rares.

Or, si des éléments nombreux, armés, organisés et ravitaillés régulièrement, veulent déboucher de Ghat, Mourzouk et Koufra pour menacer les provinces riveraines du Tchad, ils sont obligés de traverser rapidement la zone désertique qui sépare leurs points de départ du Tibesti, du Borkou et de l'Ennedi et de venir se refaire et se ravitailler dans l'une de ces trois régions.

Autrement dit le Tibesti, le Borkou et l'Ennedi sont les rivages méridionaux d'une aride mer de sable qui les sépare de Ghat, du Fezzan et de Koufra.

Comprend-on maintenant pourquoi ces trois provinces, assurément assez déshéritées ellesmêmes, mais susceptibles cependant — elles l'ont prouvé — d'abriter et de nourrir de fortes colonnes de réguliers — sont si convoitées par tous ceux qui ont été ou sont les maîtres de Ghat, de Mourzouk et de Koufra, Turcs, Senoussistes ou Italiens ?

Pour aller, par exemple, de Koufra au Borkou, il faut parcourir 800 kilomètres sans aucun pâturage et avec comme points d'eau, les deux maigres puits de Sarra et de Tekro. Voit-on d'ici l'angoisse de ceux qui, se lançant de Koufra vers le Sud, trouveraient au Borkou au lieu d'un accueil fraternel des canons et des mitrailleuses hostiles ?

Celui qui est maître du Tibesti, du Borkou et de l'Ennedi est toujours sûr de pouvoir repousser une invasion venant du Nord. Quand les assaillants exténués et assoiffés avec des animaux épuisés par des étapes déprimantes, à travers les solitudes libyennes se présenteront aux premières palmeraies borkouanes, ils seront une proie facile pour les défenseurs du Tchad français solidement installés dans des oasis fertiles et copieusement ravitaillés en vivres et munitions de toutes sortes.

Car, et il faut fortement insister sur ce caractère des confins septentrionaux du Tchad, alors que le Tibesti, le Borkou et l'Ennedi sont isolés par une nature implacablement hostile de l'Afrique du Nord ils sont reliés aux provinces riveraines du Tchad par une infinité de pistes faciles semées d'innombrables points d'eau.

Il en résulte que celui qui est maître du Tibesti, du Borkou et de l'Ennedi peut menacer à son gré N'Guigmi, Mao, Yao ou Abéché. Il est maître de son itinéraire comme de son objectif.

Les cinq cents kilomètres qui séparent le Borkou du Kanem se déroulent dans une région que le colonel Tilho a appelé les Pays-Bas du Tchad parce qu'elle est de niveau nettement inférieur à celui du lac. Elle est coupée d'immenses puisards, comme le Bodélé, le Djourab et l'Eguei où l'eau est à fleur de terre et où dix mille chameaux (je l'ai vu) peuvent boire dans la même journée.

Pâturages de had et d'akresh, eaux natronées et abondantes, tel est le signalement succinct de ces Pays-Bas du Tchad qu'un assaillant venu du Borkou trouverait sur sa route.

Entre l'Ennedi et le Ouadaï, grâce aux grands oueds du Mortcha, les routes sont aussi praticables et même des unités de cavalerie pourraient passer.

Conclusions

Par ses avant-postes du Tibesti, du Borkou et de l'Ennedi, notre colonie du Tchad est admirablement protégée et ses populations sédentaires peuvent vivre et travailler en paix. Sans ces avant-postes, c'est la situation de 1911 qui renaît, c'est le Tchad ouvert à toutes les agressions possibles. Qui donc prendrait la responsabilité de laisser entamer — ne fût-ce qu'en un seul point — cette ceinture de protection qui a coûté à établir tant d'argent, tant de souffrances et tant de sang ?

Qui donc consentirait à mutiler irrémédiablement notre Empire Africain au profit d'une nation qui a, comme nous, de 1882 à 1896, tenté sa chance coloniale et n'a pas pu réussir ? Du fait que l'Italie après 14 années de négociations et de combats sur les confins de l'Erythrée, n'a pu acquérir les possessions coloniales dont elle avait envie, faut-il que ce soit la France qui, 50 ans après, vienne la dédommager de ses déboires ?

La France aussi a connu des revers au cours de ses campagnes coloniales. Des ministres sont tombés au lendemain de Langson comme au lendemain d'Adoua. Hier encore, après une guerre épuisante de cinq années, elle devait mener sur deux fronts de sévères campagnes, au Riff avec 120.000 hommes, au Djebel Druse avec 60.000. Mais elle a, avec une vaillance admirable et une volonté d'acier, surmonté les pires obstacles. Elle n'a pas appelé à son aide, dans des prosopopées de vaine rhétorique, les nobles figures de son histoire nationale pour prétendre qu'elle devait dominer le monde, mais elle a travaillé, peiné, souffert, au jour le jour, avec tous ses fils, les plus grands comme les plus obscurs. Elle a, pierre à pierre et sans rien demander à personne bâti son immense et prospère empire. Elle ne peut donc que répondre négativement à ceux qui aujourd'hui viennent lui dire : « La maison est à moi, c'est à vous d'en sortir ! » (1).

(1) L'essentiel de cette étude a fait l'objet, le 5 juin 1930, d'une communication à l'Académie des Sciences coloniales, à l'issue de laquelle j'ai eu la fierté de recevoir les félicitations du maréchal Franchet d'Espérey, en lequel tous les Africains ont placé leur absolue confiance pour que soient intégralement maintenues toutes les positions françaises en Afrique.

Paris. — Soc. Gén. d'Imp. et d'Éd., 17, rue Cassette.

BROCHURES EN VENTE
AU COMITÉ DE L'AFRIQUE FRANÇAISE

Les tribus de la zone Nord et Nord-Ouest du Maroc, par le commandant MAURICE BERNARD (1926)........................... 3 50

La question des vins tunisiens, par ROBER RAYNAUD (1926).......................... 1 »

Les richesses minières de l'Afrique du Nord, par MM. E. PAYEN et J. LADREIT DE LACHARRIÈRE (1928)........................ 8 »

L'olivier richesse de l'Afrique française du Nord, par MM. E. PAYEN et LADREIT DE LACHARRIÈRE.................................. 8 »

Le palmier-dattier et la production et le commerce des dattes dans l'Afrique du Nord, par EDOUARD PAYEN............... 5 »

La Montagne berbère, par le capitaine SAÏD GUENNOUR (1929).......................... 15 »

Le nationalisme tunisien, par ROBER RAYNAUD.................................. 2 »

La production des céréales en Afrique du Nord, par M. PIERRE BERTHAULT (1928)..... 5 »

La Pénétration dans le Sahara occidental, par le capitaine AUGIÉRAS (1923).......... 6 »

Un voyage au Sahara, par M. JACQUES BOURCART (1924)............................. 6 »

Rapport sur les travaux astronomiques et géodésiques en Afrique occidentale avant la guerre, par le commandant de MARTONNE (1923)...................... 2 »

Le Transsaharien sauvegarde et richesse nationales, par ROBER RAYNAUD.... 1 »

Le liège dans l'Afrique du Nord, par ED. PAYEN et J.-L. DE LACHARRIÈRE.......... 5 »

COMITÉ DE L'AFRIQUE FRANÇAISE

Président : M. ALBERT LEBRUN, vice-président du Sénat, ancien ministre.
Vice-présidents : MM. ERNEST ROUME, gouverneur général honoraire des Colonies, MARTIAL MERLIN, gouverneur général honoraire des Colonies, et LÉON BARÉTY, député.
Trésorier : M. EDMOND PHILIPPAR.
Secrétaire général : M. AUGUSTE TERRIER.

Siège du Comité : **21, rue Cassette, Paris (6e).**

Tout Français souscripteur d'une somme au moins égale à 50 francs devient adhérent du Comité de l'Afrique française et reçoit le *Bulletin* mensuel du Comité. Le minimum de cotisation est fixé à 45 francs pour les fonctionnaires coloniaux et diplomatiques, l'armée et l'enseignement.

L'objet des souscriptions recueillies est :

D'organiser des missions d'exploration et d'études économiques dans les régions africaines;

D'aider aux missions organisées par le gouvernement ou par les associations géographiques et coloniales;

De développer l'influence française dans les pays indépendants d'Afrique;

D'encourager les travaux politiques, économiques et scientifiques relatifs à l'Afrique;

De poursuivre des études et recherches destinées à préparer ou à appuyer les établissements privés de nos nationaux dans ces régions;

De tenir les adhérents régulièrement au courant des faits concernant l'Afrique, spécialement au point de vue de l'action des nations européennes colonisatrices.

Un spécimen gratuit du Bulletin *est envoyé franco à toute demande.*

PARIS. — SOC. GÉN. D'IMPRIMERIE ET D'ÉDITION, 17, RUE CASSETTE.

www.ingramcontent.com/pod-product-compliance
Ingram Content Group UK Ltd.
Pitfield, Milton Keynes, MK11 3LW, UK
UKHW020526180726
13839UKWH00005B/2331